ECLOGUES

AND

OTHER POEMS

©2015 AMERICANA eBooks, Szeged

Miklós Radnóti: Eclogues and Other Poems
Translated by Jack Roberts

ISBN: 978-963-89514-7-2
ISBN: 978-963-89514-6-5 (Kindle ebook)
ISBN: 978-963-89514-5-8 (ePub ebook)

AMERICANA eBooks is a division of *AMERICANA – E-Journal of American Studies in Hungary*, published by the Department of American Studies, University of Szeged, Hungary.

ebooks.americanaejournal.hu

Cover image by Ádám Szedlák

Book design by Zoltán Dragon

©creative
commons

This ebook is released under the Creative Commons 3.0 – Attribution – NonCommercial – NoDerivs 3.0 (CC BY-NC-ND 3.0) licence. For more information, visit:
http://creativecommons.org/licenses/by-nc-nd/3.0/deed.hu

ECLOGUES
AND
OTHER POEMS

Miklós Radnóti

A bilingual selection of major poems

newly translated by

Jack Roberts

TABLE OF CONTENTS
TARTALOMJEGYZÉK

TRANSLATOR'S NOTE	i
Száll a tavasz...	1
Spring Flies…	2
Első ecloga	3
First Eclogue	6
Második ecloga	9
Second Eclogue	11
Harmadik ecloga	13
Third Eclogue	15
Negyedik ecloga	17
Fourth Eclogue	20
Ötödik ecloga (Töredék)	23
Fifth Eclogue: A fragment	24
Hatodik ecloga (Töredék)	26
Sixth Eclogue: A Fragment	27
Hetedik ecloga	28

ECLOGUES AND OTHER POEMS

Seventh Eclogue	30
Nyolcadik ecloga	32
Eighth Eclogue	35
Együgyű dal a feleségről	38
Simple Song About My Wife	39
Mint a halál	40
Like Death	41
Tajtékos ég	42
Foaming Sky	44
Két karodban	46
In Your Arms	47
Rejtettelek	48
I've Been Hiding You	49
Tétova óda	50
Diffident Ode	52
Nem tudhatom	54
I Cannot Say	56
Levél a hitveshez	58
Letter to My Wife	60

Gyökér 62

Root 63

A' la recherche... 64

A' la recherche... 66

Erőltetett menet 68

Forced March 69

Razglednicák 70

Razglednicás 72

TRANSLATOR'S NOTE

What follows are new translations of a selection of poems by the modern magyar poet Radnóti Miklós, a 1935 graduate of the University of Szeged. Born in Budapest in 1909, Radnóti began publishing his poems and translations while still a university student. By the late 1930's, he had established himself as a major new voice in magyar poetry. His life ended in 1944 not far from the village of Abda, where, a short distance from the banks of the Rába, he was slain by his captors near the end of a forced march that had begun in the mountains of Serbia months before. Many of the poems included here were composed during his captivity in the labor camp whose name appears at the end of several eclogues and other poems.

Since others have gone before him in translating Radnóti's major lyrics into English verse, a word or two from the translator to explain this selection and presentation may be in order. Although he has striven for accuracy of diction and tone throughout, he makes no claims for the aesthetic value of these translations. The translator merely asks that the reader consider the poet's pastoral sequence as a whole, as a major contribution to the 20th century literary canon rooted formally and thematically in classical literature. This canon includes poets such as Ezra Pound and W. H. Auden and writers such as James Joyce and Hermann Broch. It is the translator's opinion that the sequence presented here, one composed by a poet who loved and knew classical Latin poetry, its genres and meters, has not yet garnered the full measure of admiration it deserves either in the poet's homeland or in the English-speaking world.

Like the other great and heart-rending choral and personal lyrics of exile and loss, of love and war, translated here, Radnóti's pastoral sequence is timeless and, tragically, very much of its time. Perhaps because the individual eclogues were composed over several years and at intervals with what have generally come to be considered the poet's greatest lyrics, less sustained attention has been granted these poems in all of their stunning formal and thematic complexity, their powerful allusiveness, and their tone of stoical reserve balanced by raw emotion. There can be no doubt that the poet himself considered these pastoral poems as a sequence as early as April 1942; it was then that he composed his lyrical preface to the eclogues, *Száll a tavasz...*, Notably, he did so after he had already written the first three eclogues. It is not unlikely, moreover, that had physical weakness and death not put an end to the poet's career, he might have written two more eclogues to equal the number that Virgil completed in youth. And yet, perhaps only *Hatodik ecloga*, sometimes entitled *Töredék*, and *Hetedik ecloga* are inarguably held to deserve inclusion in the cluster of late and last great lyrics encompassing *Nem tudhatom...*, *Levél a hitveshez*, *Gyökér*, *À la recherché...*, *Erőltetett menet,* and *Razglednicák*.

The translator hopes that the present arrangement of the poems, one that presents the eclogues consecutively, though not, as noted above, chronologically, as a sequence, will act as a catalyst for a reassessment of this major work. One such reassessment follows the translations. He has also included translations of several other lyrics by Radnóti so that readers may not only experience the ease with which the poet moves back and forth between classical and modern lyric forms but also appreciate the poignant interrelatedness of all of his late work. The translator would add, moreover, that he is not the first of the eclogues' admirers to wish to see them considered together as a major poetic sequence as the elegant 1979 Magyar Helikon (Szépirodalmi Könyvkiadó) edition of *Eclogák* attests. His fondest hope is that the wonders of the eclogues may now emerge for an anglophone audience interested in modern magyar poetry.

Finally, the translator wishes to thank his magyar colleagues, students, and friends for all manner of encouragement and advice. Despite the unfortunate fact that their initials can confer only imperfect anonymity upon these generous and sage persons, and so, alas, cannot properly shield them from those churls who would charge these with the translator's own lapses in understanding, diction, and taste, their initials are nevertheless listed here as the smallest measure of the translator's boundless gratitude to each of them: NGy, CRM, MÁ, KÁ, VZ, NS, SzE and SzT.

Jon Roberts
Summer 2005
Szeged-New York

SZÁLL A TAVASZ...

Előhang az Eclogákhoz

Csúszik a jég a folyón, foltosra sötétül a part is,
olvad a hó, a nyulak meg az őzek lábanyomán már
kis pocsolyákban a nap csecsemőnyi sugára lubickol.
Száll a tavasz kibomolt hajjal, heverő hegyek ormán,
tárnák mélyein és a vakondok túrta lyukakban,
fák gyökerén fut, a rügy gyöngéd hónalja tövében,
s csiklandós levelek szárán pihen és tovaszáguld.
S szerte a réten, a domb fodrán, fodros tavakon kék
  lánggal lobban az ég.

Száll a tavasz kibomolt hajjal, de a régi szabadság
angyala nem száll már vele, alszik a mélyben a sárga
sárba fagyottan, alélt gyökerek közt fekszik aléltan,
nem lát fényt odalent, sem a cserjén pöndörödő kis
zöld levelek hadait nem látja, hiába! nem ébred.
Rab. S a rabok feketén gyürüző vad bánata csobban
álmaiban s föld és fagyos éj nehezült a szivére.
Álmodik és mellét nem emelgeti sóhaja sem még,
  lent nem pattan a jég.

Néma gyökér kiabálj, levelek kiabáljatok éles
hangon, tajtékzó kutya zengj, csapkodd a habot, hal!
rázd a sörényed, ló! bömbölj bika, ríjj patak ágya!
  ébredj már aluvó!

1942. április 11.

Spring Flies...

Preface to the Eclogues

Glides now the river ice-melt, mottling the darkening ice-bank,
now melts the snow in hare's prints, even now in deer's tracks,
in small pools thus made there, infant sun's rays paddle, plash.
Spring flies, lets down her hair, lights upon mountain ridges,
tunnels deeply into mine shafts, delves into mole holes,
trips along tree roots, barely stirs gentlest buds in stem joints,
among ticklish leaves and delicate shoots rests, rushes off again.
And over high meadows, rolled hills, ruffled ponds
   blue skies burst into flame.

Spring flies, lets down her hair, but the ancient freedom
no longer flies with her, her old angel's asleep in the depths,
frozen deep in yellow mud, among insensate roots he lies,
down there neither light he sees, nor the huddled leaves,
small and green, spending the gnarled bush. Captive,
he won't wake. And the prisoners of blackly twisting wild grief
thrash in his dreams, and earth, frozen night weigh down his heart.
He dreams, no heaving sighs escape his breast
   nor crack the ice beneath.

Keen you dumb roots! Sound, leaves, your keenest cries!
rage mad dog, drown in froth! Thrash, fish, the foam!
shake, horse, your mane, thunder bull, rumble stream bed!
   sleeper, now awaken!

11 April 1942

ELSŐ ECLOGA

Quippe ubi fas versum atque nefas: tot bella per orbem,
tam multae scelerum facies;
- Vergilius

PÁSZTOR

Régen láttalak erre, kicsalt a rigók szava végre?

KÖLTŐ

Hallgatom, úgy teli zajjal az erdő, itt a tavasz már!

PÁSZTOR

Nem tavasz ez még, játszik az ég, nézd csak meg a tócsát,
most lágyan mosolyog, de ha éjszaka fagy köti tükrét
rádvicsorít! mert április ez, sose higgy a bolondnak, -
már elfagytak egészen amott a kicsiny tulipánok.
Mért vagy olyan szomorú? nem akarsz ideülni a kőre?

KÖLTŐ

Még szomorú se vagyok, megszoktam e szörnyü világot
annyira, hogy már néha nem is fáj, - undorodom csak.

PÁSZTOR

Hallom, igaz, hogy a vad Pirenéusok ormain izzó
ágyucsövek feleselnek a vérbefagyott tetemek közt,
s medvék és katonák együtt menekülnek el onnan;
asszonyi had, gyerek és öreg összekötött batyuval fut
s földrehasal, ha fölötte keringeni kezd a halál és

annyi halott hever ott, hogy nincs aki eltakarítsa.
Azt hiszem ismerted Federícót, elmenekült, mondd?

KÖLTŐ

Nem menekült. Két éve megölték már Granadában.

PÁSZTOR

Garcia Lorca halott! hogy senki se mondta nekem még!
Háboruról oly gyorsan iramlik a hír, s aki költő
így tűnik el! hát nem gyászolja meg őt Európa?

KÖLTŐ

Észre se vették. S jó, ha a szél a parázst kotorászva
tört sorokat lel a máglya helyén s megjegyzi magának.
Ennyi marad meg majd a kiváncsi utódnak a műből.

PÁSZTOR

Nem menekült. Meghalt. Igaz is, hova futhat a költő?
Nem menekült el a drága Attila se, csak 'nemet' intett
folyton e rendre, de mondd, ki siratja, hogy így belepusztult?
Hát te hogy élsz? visszhang jöhet-é szavaidra e korban?

KÖLTŐ

Ágyudörej közt? Üszkösödő romok, árva faluk közt?
Írok azért, s úgy élek e kerge világ közepén, mint
ott az a tölgy él; tudja kivágják, s rajta fehérlik
bár a kereszt, mely jelzi, hogy arra fog irtani holnap
már a favágó, - várja, de addig is új levelet hajt.
Jó neked, itt nyugalom van, ritka a farkas is erre,
s gyakran el is feleded, hogy a nyáj, amit őrzöl, a másé,
mert hisz a gazda se jött ide hónapok óta utánad.

ECLOGUES AND OTHER POEMS

Áldjon az ég, öreg este szakadt rám, míg hazaérek,
alkonyi lepke lebeg már s pergeti szárnya ezüstjét.

1938

First Eclogue

Surely, piety turns impious, wantonness restraint,
Wears the earth so many wars, so many faces vice.
- Virgilius

SHEPHERD

Haven't I seen you before, at length coaxed here by thrush's song?

POET

Hear how the wood fills with joyfullest racket - spring's not faraway!

SHEPHERD

No, spring's far off; the sky plays tricks; see how gently
that little pool smiles now. Come evening, ice will fasten
blade-sharp teeth upon it. You musn't believe the fools.
It's only April and early tulips feel the bite of winter still.
But why are you so sad? Won't you sit and rest awhile?

POET

Not sad even, long since grown accustomed to the horrors of this world
so much so that sometimes there's no pain - just lingering disgust.

SHEPHERD

Tell me, true that the wild Pyrenees' peaks are all aglow
with answering gunfire between the blood-befrosted dead,
that bears and soldiers all together flee from there in fear;
that hosts of women, young and old, who, with knotted packs would run,

must hurl themselves upon the ground when death circles above,
that now there lie so many dead, none remain to clear away the dead.
I think you know Frederico.[1] Can you tell me if he fled?

POET

No escape for one slain in Granada two years ago.

SHEPHERD

Garcia Lorca dead! and no one even told me!
In war news spreads at such a speed, and poets
disappear so! Does Europe mourn for him?

POET
Unremarked. It's enough if the wind, rummaging through embers,
finds broken lines at some staked place and those remembers.
Just so much will curious posterity have of the poet's work.

SHEPHERD
Not escaped, but slain. It must be so, for where might a poet run?
Nor did the dear Attila[2] escape, but kept on signaling his "no"
against the old order, and who mourns for one that dies so?
How is it you live? Might your words find an echo in this time?

POET
Between cannon thunder? charred ruins? orphaned villages?
Even so I write and live within this mad and madding world
just as that oak lives there, waiting to be cut down, corded,
- expects it – it bears the white cross signaling: 'the woodsman
comes tomorrow,' yet sends forth new leaves even so.
You're lucky, it's cool here and here the wolf rarely prowls.

---

[1] Frederico Garcia Lorca, Spanish poet and dramatist, murdered by Spanish fascists in 1936.
[2] József Attila, a poet of great lyric power who killed himself in 1937. His politics frequently placed him at odds with the ultra-conservative Horthy regime of the 1930s.

Often you forget the flock you tend belongs to someone else,
for surely it's months since he last came round. But bless you,
for late evening will fall long before I reach home, already
sunset's butterfly's aflutter, and silver's spun of spinning wings.

1938

MÁSODIK ECLOGA

REPÜLŐ

Jó messzi jártunk éjjel, dühömben már nevettem,
méhrajként zümmögött a sok vadász felettem,
a védelem erős volt, hogy lődöztek barátom,
míg végül új rajunk feltünt a láthatáron.
Kis híja volt s leszednek s lenn összesöprögetnek,
de visszajöttem nézd! és holnap ujra retteg
s pincébe bú előlem a gyáva Európa...
no hagyjuk már, elég! Írtál-e tegnap óta?

KÖLTŐ

Írtam, mit is tehetnék? A költő ír, a macska
miákol és az eb vonít s a kis halacska
ikrát ürít kacéran. Mindent megírok én,
akár neked, hogy fönn is tudd hogy' élek én,
mikor a robbanó és beomló házsorok
között a véreres hold fénye támolyog
és feltüremlenek mind, rémülten a terek,
a lélekzet megáll, az ég is émelyeg
s a gépek egyre jönnek, eltünnek s ujra mint
a hörgő őrület lecsapnak újra mind!
Irok, mit is tehetnék. S egy vers milyen veszélyes,
ha tudnád, egy sor is mily kényes és szeszélyes,
mert bátorság ez is, lásd, a költő ír, a macska
miákol és az eb vonít s a kis halacska -
a többi ... És te mit tudsz? Semmit! csak hallgatod
a gépet s zúg füled, hogy most nem hallhatod;

ne is tagadd, barátod! és összenőtt veled.
Miről gondolkodol, míg szállsz fejünk felett?

MIKLÓS RADNÓTI

REPÜLŐ

Nevess ki. Félek ott fönn. S a kedvesemre vágyom
s lehunyva két szemem, heverni lenn egy ágyon.
Vagy csak dudolni róla, fogam közt szűrve, halkan,
a kantinmélyi vad és gőzös zűrzavarban.
Ha fönn vagyok, lejönnék! s lenn újra szállni vágyom,
nincs nékem már helyem e nékem gyúrt világon.
S a gépet is, tudom jól, túlzottan megszerettem,
igaz, de egy ütemre fájunk fönn mind a ketten...
De hisz tudod! s megírod! és nem lesz majd titok,
emberként éltem én is, ki most csak pusztitok,
ég s föld között hazátlan. De jaj, ki érti meg...
Irsz rólam?

KÖLTŐ

Hogyha élek. S ha lesz még majd kinek.

1941. április 27.

Second Eclogue

PILOT

We flew so far last night, I had to laugh from rage;
droning, their fighters, raining fire, fell on us
like swarming bees, their defense, friend, was strong
until fresh squadrons finally appeared on the horizon.
I was sure they'd bring us down, sweep us from the sky,
but I'm back, see! and tomorrow faint-hearted Europe
for fear of me can run and hide in the cellars again…
no more of that, enough! have you written since yesterday?

POET

Of course, what else can I do? The poet writes, the kitten
meows, the puppy mewls, and the little fish
coyly drops its roe. There's nothing I don't write about,
even you, up there, so you may know how I live
when between rows of houses, blown up, falling down,
the bloodshot moonlight staggers as one drunk
and each town square, in terror, folds back upon itself,
breathing stops, and even the sky sickens, and still
the planes keep coming, disappearing, appearing
again, like rattling madness, sweeping down again.
I write, what else can I do. How dangerous a poem is –
if you only knew – a line, however delicate, whimsical:
there's courage in these also, do you see? The poet writes,
the kitten meows, the puppy mewls, and the little fish—
and so on … But what do you know? Nothing. You hear
your engine only, its rumble fills your ears. You hear

nothing else; don't deny it. It's your friend, part of you.
But what do you think about while you fly over us?

MIKLÓS RADNÓTI

PILOT

You'll laugh. I'm scared up there. I want my love,
I just want to close my eyes, to lie down next to her
or just to sing softly to her, between clenched teeth,
in the wild and steamy chaos of the pilot's canteen.
Aloft, I want to come back down; down, I want to fly,
there's no place for me in a world that's shaped for me.
And I know to well how fond of the plane I've grown,
it's true, and yet we each suffer to the same rhythm...
But you understand! write about me! and say:
once I was a man, one who now destroys merely,
homeless between sky and earth. But who'd understand ...
write about me, won't you?

POET

Assuming I live, and a few others besides.

27 April 1941

Harmadik ecloga

Pásztori Múzsám, légy velem itt, bár most csak egy álmos
kávéházban ülök, odakinn fut a fény, a mezőkön
némán túr a vakond, kis púpjai nőnek a földnek
és széptestű, fehérfogu barna halászok alusznak
hajnali munka után a halas ladikok sikos alján.

Pásztori Múzsám, légy velem itt is e városi berken,
hét ügynök ricsajoz, de e hét se riasszon el innen,
most is, hidd el, a gond üli szívüket, árva legények...
s nézd azokat jobbról, mind jogtudor és furulyázni
nem tud ugyan közülük már senki, de hogy szivaroznak!

Légy velem itt! tanitok s két óra között berohantam
elmélkedni a füst szárnyán a csodás szerelemről.
Mint a kiszáradt fát egy kancsali, csöppnyi madárfütty,
ujraszül, azt hittem s fölemelt a magasba, az ifju
régi tetőkre, a vágy kamaszos vadonába röpített.

Pásztori Múzsa, segíts! Most róla rikoltnak a hajnal
kürtjei mind! párás teli hangon zengik alakját,
hogy süt a teste, szemén hogy villan a nyurga mosolygás,
ajkán táncos, okos léptekkel hogy jön a sóhaj,
hogy mozdul, hogy ölel, hogy nézi a holdat az égen!

Pásztori Múzsa, segíts! szerelemről zengjem a dalt már,
karmol folyton a bú, új fájdalom űz a világban,
mindig, ujra csak új! elpusztulok itt hamar én is.
Görbén nőnek a fák, sóbányák szája beomlik,
falban a tégla sikolt; így álmodom én, ha elalszom.

Pásztori Múzsa, segíts! úgy halnak e korban a költők...
csak ránkomlik az ég, nem jelzi halom porainkat,
sem nemesívű szép, görög urna nem őrzi, de egy-két

versünk hogyha marad... szerelemről írhatok én még?
Csillog a teste felém, ó pásztori Múzsa, segíts hát!

1941. junius 12

Third Eclogue

Shepherd's muse, attend me here, now, though I merely sulk
in a sleepy coffeehouse, while outside the light runs, beneath
the meadow the mole silently digs, small hills swell the ground,
and able-bodied, white-teethed, sun-browned fishermen sleep
after dawn labors on fish-laden flatboats' slimy bottoms.

Shepherd's muse, attend me, even in this urban grove, where
seven salesmen paint the town: don't let these scare you off,
believe me, even now cares perch on their hearts, forsaken
youths...
and see those on the right, jurists all! not one of them knows
how to play the shepherd's pipes, but how they smoke cigars!

Attend me here! I teach and between lessons hasten here
to contemplate love's prodigies raised on vanes of smoke.
Like the withered tree revived by a snatch of off-key birdsong,
I am reborn, and, raised up by love to youthful ancient peaks,
to a wilderness of gawky tongue-tied longing, how I soar.

Shepherd's muse, assist me! Now all about her the dawn's
trumpets flourish, and, in vaporous full tones, they sing her,
how her body glows, how the gangly smile flashes in her eyes,
how the sigh, with lissom steps, dances across her lips,
how she stirs, embraces, traces the moon across the sky!

Shepherd's muse, assist me! for I would sing of love still,
yet sorrow always claws, fresh pain pursues me in the world,
pain always merely new! And soon I'll be destroyed here too.
The trees grow crooked, the salt mines' mouths cave in,
bricks shriek in the wall: of these I dream when I fall asleep.

Shepherd's muse, help me! just so this epoch's poets die...
the sky collapses upon us, no mound to mark our ashes,
no exquisite Greek urn preserves them. Yet should one, two

of our poems survive...may I write of love even now?
Her body glistens towards me, O muse, won't you help me?

12 June 1941

Negyedik ecloga

KÖLTŐ

Kérdeztél volna csak magzat koromban...
Ó, tudtam, tudtam én!
Üvöltöttem, nem kell a világ! goromba!
tompán csap rám a sötét és vág engem a fény!
És megmaradtam. A fejem rég kemény.
S tüdőm erősödött csak, hogy annyit bőgtem én.

A HANG

S a vörhegy és a kanyaró
vörös hullámai mind partradobtak.
Egyszer el akart nyelni, - aztán kiköpött a tó.
Mit gondolsz, mért vett mégis karjára az idő?
S a szív, a máj, a szárnyas két tüdő,
a lucskos és rejtelmes gépezet
hogy szolgál... ó miért? s a rettentő virág
nem nyílik még husodban tán a rák.

KÖLTŐ

Születtem. tiltakoztam. S mégis itt vagyok.
Felnőttem. S kérdezed: miért? hát nem tudom.
Szabad szerettem volna lenni mindig
s őrök kisértek végig az uton.

A HANG

Jártál szellőtől fényes csúcsokon,
s láttál, ha este jött, a hegyre töppedt
bokrok közt térdepelni egy jámbor őz-sutát;
láttál napfényben álló fatörzsön gyantacsöppet,

s mezítlen ifju asszonyt folyóból partra lépni
s egyszer kezedre szállt egy nagy szarvasbogár...

KÖLTŐ

Rabságból ezt se látni már.
Hegy lettem volna, vagy növény, madár...
vigasztaló, pillangó gondolat,
tünő istenkedés. Segíts szabadság,
ó hadd leljem meg végre honnomat!

A csúcsot ujra, erdőt, asszonyt és bokrokat,
a lélek szélben égő szárnyait!
És megszületni ujra új világra,
mikor arany gőzök közül vakít
s új hajnalokra kél a nap világa.

Még csönd van, csönd, de már a vihar lehell,
érett gyümölcsök ingnak az ágakon.
A lepkét könnyü szél sodorja, száll.
A fák között már fuvall a halál.

És már tudom, halálra érek én is,
emelt s leejt a hullámzó idő,
rab voltam és magányom lassan
növekszik, mint a hold karéja nő.

Szabad leszek, a föld feloldoz,
s az összetört világ a föld felett
lassan lobog. Az írótáblák elrepedtek.
Szállj fel, te súlyos szárnyú képzelet!

A HANG

Ring a gyümölcs, lehull, ha megérik;
elnyugtat majd a mély, emlékkel teli föld.

De haragod füstje még szálljon az égig,
s az égre írj, ha minden összetört!

1943. március 15.

Fourth Eclogue

POET

Had you only asked me as a fetus...
O, I knew, I knew!
I wailed, I don't want it! It's nasty!
bluntly the dark strikes me, the light shreds me
and I survived. My head hardened long ago.
And my lungs grew strong with all that howling.

VOICE

And scarlet fever, measles,
waves of red flung you ashore.
The lake once wanted to swallow you,
- soon spit you out. Why do you think Time
has taken you in his arms all the same?
And heart, liver, winged lungs,
the miry and inscrutable machine
still waits upon you ... O why?
and no appalling flower, cancer
perhaps, blooms in your flesh.

POET

I was born. I objected. I'm here for all that.
Fledged fully. Why, you ask? Well, I don't know.
I've always wanted to be free, but all along
the road, my keepers shadow me.

VOICE

You've walked on summits made lucent by wind,
and watched, as evening came on, a pious roe-deer
in withered underbrush kneel before the peak;

you've watched a fir's resinous drop still in sunlight
and a young woman tread naked from the stream,
and once a fat stag-beetle lighted on your hand.

POET

From captivity these cannot be seen.
O were I mountain, plant, or bird…
consoling butterfly-thought,
fleeting essence. Help me, freedom,
O let me discover my home at last.

The peak again, wood, woman, brush,
the wind-borne soul's brilliant wings!
And to be reborn into another world,
where the sun's light dazzles through
golden haze, rises from new dawns.

It's quiet still, calm, but a storm's breathing,
and ripened fruit swings on the boughs.
A draught of easy wind speeds the moth.
Already between the trees death wafts.

And I already know I ripen toward death,
as Time's rolling wave raises and lets fall,
captive that I was, my loneliness sullenly
grows as the moon's crescent waxes.

I shall be free, the earth looses her grip
and above the ground the broken world
smolders. The writing tablets shredded.
Heavy-winged imagination, take flight!

VOICE

The ripening fruit lolls, and falls to earth;
and deep all-remembering earth soon rests.

But your rage will still smolder, rise in the sky,
write upon heaven when all here's smashed!

15 March 1943

ÖTÖDIK ECLOGA (TÖREDÉK)

Bálint György emlékére

Drága barátom, hogy dideregtem e vers hidegétől,
hogy rettegtem a szót, ma is elmenekültem előle.
Félsorokat róttam. Másról, `másról` igyekeztem
írni, hiába! az éj, ez a rémes, rejtekező éj
rámszól: róla beszélj.
 És felriadok, de a hang már
hallgat, akár odakint Ukrajna mezőin a holtak.
Eltüntél.
 S ez az ősz se hozott hírt rólad.
 Az erdőn
ujra suhog ma a tél vad jóslata, húznak a súlyos
fellegek és hóval teli ujra megállnak az égen.
Élsz-e, ki tudja?
 ma már én sem tudom, én se dühöngök,
hogyha legyintenek és fájdalmasan elfödik arcuk.
S nem tudnak semmit.
 De te élsz? S csak megsebesültél?
Jársz az avarban az erdei sár sürü illata közt, vagy
illat vagy magad is?
 Már szálldos a hó a mezőkön.
Eltünt, - koppan a hír.
 És dobban, dermed a szív bent.
Két bordám közt már feszülő, rossz fájdalom ébred,
reszket ilyenkor s emlékemben oly élesen élnek
régmondott szavaid s úgy érzem testi valódat,
mint a halottakét -
 Mégsem tudok írni ma rólad!

1943. november 21

Fifth Eclogue: A fragment

>   in memory of Bálint György[3]

My dear friend, I shuddered from this poem's coldness,
dreaded the words, even today I ran from it.
wrote down half lines.
　　　　Of something, someone else, struggled
to write, in vain! the night, this dismal, hiding night's
reproach : speak of him.
　　　　　　Alarmed, I wake, but the voice is already
silent like the dead out there in some Ukraine meadow.
You're gone.
　　And this autumn arrives with no news of you.
　　　　　　In the woods
today winter's savage prophecy rustles again, the heavy
clouds shamble, full of snow, they rest against the sky.
Are you alive, who can say?
　　　　　Even I no longer know, so how can I rage,
if they wave as they conceal their pained features.
They know nothing.
　　　　　But do you live? Are you only wounded?
Do you walk in leaf-litter among the woodland mud's heady scent,
are you a scent yourself?
　　　　　Already snow churns on the meadow.
Missing - the word rattles.
　　　　　And the heart inside beats, grows cold;
between two ribs, tight, sharp pain awakens,
trembles. At such times and in such ways, words said long ago
live vividly in memory and thus I sense you, your body, near,

---

[3] Radnóti's friend, a writer, critic, and translator, who was reported missing in the Ukraine.

as I do those of the dead -
> Still, I cannot write of you today!

21 November 1943

HATODIK ECLOGA (TÖREDÉK)

Oly korban éltem én e földön,
mikor az ember úgy elaljasult,
hogy önként, kéjjel ölt, nemcsak parancsra,
s míg balhitekben hitt s tajtékzott téveteg,
befonták életét vad kényszerképzetek.

Oly korban éltem én e földön,
mikor besúgni érdem volt s a gyilkos,
az áruló, a rabló volt a hős, -
s ki néma volt netán s csak lelkesedni rest,
már azt is gyűlölték, akár a pestisest.

Oly korban éltem én e földön,
mikor ki szót emelt, az bujhatott,
s rághatta szégyenében ökleit, -
az ország megvadult s egy rémes végzeten
vigyorgott vértől és mocsoktól részegen.

Oly korban éltem én e földön,
mikor gyermeknek átok volt az anyja,
s az asszony boldog volt, ha elvetélt,
az élő írigylé a férges síri holtat,
míg habzott asztalán a sűrü méregoldat.

....

Oly korban éltem én e földön,
mikor a költő is csak hallgatott,
és várta, hogy talán megszólal ujra -
mert méltó átkot itt úgysem mondhatna más, --
a rettentő szavak tudósa, Ésaiás.

1944. május 19

Sixth Eclogue: A Fragment

I lived on this earth at a time
when man, driven or fallen low,
lacking orders, killed for pleasure,
and sham embraced, in error raged,
ensnared himself in vile obsession.

I lived on this earth at a time
when murderers, informants,
and robbers drew heroes' praise –
and anyone silent or slow to applaud,
was reviled, as one with plague afflicted.

I lived on this earth at a time
when those who would speak must lie
low, gnaw their fists past all shame.
The land's riotous, and fate, appalling,
grins, drunk with blood and filth.

I lived on this earth at a time
when mother's curse children got
and woman gladly child lost,
the living, their plate thick with poison,
envied the worm-eaten dead.

....

I lived on this earth at a time
when the poet lived in silence
and waited for one who might speak –
for who else might utter a fitting curse
but Isaiah, awful knower of awful words.

19 May 1944

Hetedik ecloga

Látod-e, esteledik s a szögesdróttal beszegett, vad
tölgykerités, barakk oly lebegő, felszívja az este.
Rabságunk keretét ereszti a lassu tekintet
és csak az ész, csak az ész, az tudja, a drót feszülését.
Látod-e drága, a képzelet itt, az is így szabadul csak,
megtöretett testünket az álom, a szép szabadító
oldja fel és a fogolytábor hazaindul ilyenkor.

Rongyosan és kopaszon, horkolva repülnek a foglyok,
Szerbia vak tetejéről búvó otthoni tájra.
Búvó otthoni táj! Ó, megvan-e még az az otthon?
Bomba sem érte talán? 's van', mint amikor bevonultunk?
És aki jobbra nyöszörg, aki balra hever, hazatér-e?
Mondd, van-e ott haza még, ahol értik e hexametert is?

Ékezetek nélkül, csak sort sor alá tapogatva,
úgy irom itt a homályban a verset, mint ahogy élek,
vaksin, hernyóként araszolgatván a papíron;
zseblámpát, könyvet, mindent elvettek a 'Lager'
őrei s posta se jön, köd száll le csupán barakunkra.

Rémhirek és férgek közt él itt francia, lengyel,
hangos olasz, szakadár szerb, méla zsidó a hegyekben,
szétdarabolt lázas test s mégis egy életet itt,-
jóhírt vár, szép asszonyi szót, szabad emberi sorsot,
s várja a véget, a sűrü homályba bukót, a csodákat.

Fekszem a deszkán, férgek közt fogoly állat, a bolhák
ostroma meg-megujúl, de a légysereg elnyugodott már.
Este van, egy nappal rövidebb, lásd, ujra a fogsá
és egy nappal az élet is. Alszik a tábor. A tájra
rásüt a hold s fényében a drótok ujra feszülnek,
s látni az ablakon át, hogy a fegyveres őrszemek árnya
lépdel a falra vetődve az éjszaka hangjai közben.

ECLOGUES AND OTHER POEMS

Alszik a tábor, látod-e drága, suhognak az álmok,
horkan a felriadó, megfordul a szűk helyen és már
ujra elalszik s fénylik az arca. Csak én ülök ébren,
féligszítt cigarettát érzek a számban a csókod
íze helyett és nem jön az álom, az enyhetadó, mert
nem tudok én meghalni se, élni se nélküled immár.

Lager Heidenau, Zagubica fölött, a hegyekben, 1944. július

Seventh Eclogue

Can you see, it's getting dark: and the wild fence of oak, edged
with barbed-wire, and the barracks, hovering, evening absorbs.
The listless gaze the frame of our captivity lets go,
the mind alone, the mind alone knows the wire's tension.
Do you see, dear, how only now imagination's loosed so,
and dream, the deliverer, sets free our broken bodies
and all at once the prison camp sets off toward home.

Dressed in rags, heads shaven, snoring, the captives fly
from Serbia's blind peaks to hiding homelands.
Homelands still hiding! O, does that home still exist?
Perhaps no bomb's found it? Is it as when they marched us off?
And who on my left moans, on my right lies, goes home again?
Tell me, is there a home where this hexameter's still known?

Ignoring accents, feeling my way line by line,
thus, here, at dusk, I write this verse just as I live,
weak-eyed, inch-worming across the paper;
flashlight, book, the camp guards have taken everything,
and the mail doesn't come, and only fog falls on our barracks.

In these mountains, amidst rumors and vermin live
the Frenchman, Pole, voluble Italian, dissident Serb,
pensive Jew, as one dismembered fevered body, for all that
a single life awaiting good news, a woman's words, a freeman's fate,
awaiting the end, that descent into murky darkness, miracles.

I lie aplank, an animal captive amidst vermin, the fleas
renew their assault, while the host of flies retreats.
It's evening, and captivity's one day shorter again, see,
life's one day shorter too. The camp's asleep. The moon
shines over the land, her light tightens the wires again.
And through the window, you can see the armed guards'
shadows thrown upon the wall, pace among night sounds.

The camp's asleep, dear one, can you see, the dreams awing.
Snorting, one starts, tosses about in a cramped space
and falls asleep again at once, face ashine. Only I sit awake,
the acrid smack of a half-smoked cigarette fills my mouth—
could I but taste your kiss—and dream, restoring muse, comes not,
since I can neither die nor live without you anymore.

    Lager Heidenau, above Zagubica, in the mountains. July 1944

NYOLCADIK ECLOGA

KÖLTŐ

Üdvözlégy, jól bírod e vad hegyi úton a járást
szép öregember, szárny emel-é, avagy üldöz az ellen?
Szárny emel, indulat űz s a szemedből lobban a villám,
üdvözlégy, agg férfiu, látom már, hogy a régi
nagyharagú próféták egyike vagy, de melyik, mondd?

PRÓFÉTA

Hogy melyik-é? Náhum vagyok, Elkós városa szült és
zengtem a szót asszír Ninivé buja városa ellen,
zengtem az isteni szót, a harag teli zsákja valék én!

KÖLTŐ

Ismerem ős dühödet, mert fennmaradott, amit írtál.

PRÓFÉT

Fennmaradott. De a bűn szaporább, mint annak előtte,
s hogy mi a célja az Úrnak, senkise tudja ma sem még.
Mert megmondta az Úr, hogy a bő folyamok kiapadnak,
hogy megroggyan a Kármel, a Básán és a Libánon
dísze lehervad, a hegy megrendül, a tűz elemészt majd
mindent. S úgy is lőn.

KÖLTŐ

     Gyors nemzetek öldösik egymást,
s mint Ninivé úgy meztelenül le az emberi lélek.
Mit használnak a szózatok és a falánk fene sáskák
zöld felhője mit ér? hisz az ember az állatok alja!
Falhoz verdesik itt is, amott is a pötty csecsemőket,

fáklya a templom tornya, kemence a ház, a lakója
megsűl benne, a gyártelepek fölszállnak a füstben.
Égő néppel az utca rohan, majd búgva elájul,
s fortyan a bomba nagy ágya, kiröppen a súlyos ereszték
s mint legelőkön a marhalepény, úgy megsugorodva
szertehevernek a holtak a város térein, ismét
úgy lőn minden, ahogy te megírtad. Az ősi gomolyból
mondd, mi hozott most mégis e földre?

PRÓFÉTA

A düh. Hogy az ember
ujra s azóta is árva az emberforma pogányok
hadseregében. - S látni szeretném ujra a bűnös
várak elestét s mint tanu szólni a kései kornak.

KÖLTŐ

Már szóltál. S megmondta az Úr régen szavaidban,
hogy jaj a prédával teli várnak, ahol tetemekből
épül a bástya, de mondd, évezredek óta lehet, hogy
így él benned a düh? ilyen égi, konok lobogással?

PRÓFÉTA

Hajdan az én torz számat is érintette, akárcsak
bölcs Izaiásét, szénnel az Úr, lebegő parazsával
úgy vallatta a szívem; a szén izzó, eleven volt,
angyal fogta fogóval s: "nézd, imhol vagyok én, hívj
engem is el hirdetni igédet", - szóltam utána.
És akit egyszer az Úr elküldött, nincs kora annak,
s nincs nyugodalma, a szén, az az angyali, égeti ajkát.
S mennyi az Úrnak, mondd, ezer év? csak pille idő az!

KÖLTŐ

Mily fiatal vagy atyám irigyellek. Az én kis időmet

mérném szörnyü korodhoz? akár vadsodru patakban
gömbölyödő kavicsot, már koptat e röpke idő is.

PRÓFÉTA

Csak hiszed. Ismerem ujabb verseid. Éltet a méreg.
Próféták s költők dühe oly rokon, étek a népnek,
s innivaló! Élhetne belőle, ki élni akar, míg
eljön az ország, amit igért amaz ifju tanítvány,
rabbi, ki bétöltötte a törvényt és szavainkat.
Jöjj hirdetni velem, hogy már közelít az óra,
már születőben az ország. Hogy mi a célja az Úrnak, -
kérdém? lásd az az ország. Útrakelünk, gyere, gyüjtsük
össze a népet, hozd feleséged s mess botokat már.
Vándornak jó társa a bot, nézd, add ide azt ott,
az legyen ott az enyém, mert jobb szeretem, ha göcsörtös.

Lager Heidenau, Zagubica fölött a hegyekben. 1944. augusztus 23

Eighth Eclogue

POET

Hail to thee, fine old fellow, easily making your way down
this wild mountain road: be you hounded here or flown?
you're ire-driven, wing-lifted, lightening flashes from your eyes,
hail to thee, agéd one, I can already see that you belong
to that ancient race of great-raged prophets. Say which one?

PROPHET

Which one am I? Nahum I am, of the city Elkosh born,
against that vile city, Assyrian Nineveh, I sang the word,
I, become a sack full of wrath, sang the holy word.

POET

Of your furious ancestor I know, what he wrote endures.

PROPHET

Endures. Yet wickedness multiplies as before
and of the Lord's purpose no one now may know.
For saith the Lord, the wide rivers shall run dry,
Carmel and Bashan shall reel, and the flower
of Lebanon shall fade, the mountain shall quake,
then fire devours all. And it was so.

POET

So swiftly nations slaughter one another,
and, just like Nineveh, man's soul's soon flayed.
What use the voice, what harm does the green hell
of the ravenous locust cloud hold, when of all beasts
man's the most depraved? Here, there, tiny infants

are dashed against the wall, the church spire's a torch,
the denizen's home the oven within which he roasts,
the works burn, and with souls aflame the street surges,
swoons howling, and the bomb's bed churns, the release
swings open heavily, and everywhere on city squares
the dead all shriveled lay like dung in the pastures;
once more, all is as you set it down. Yet what brings you
down from the ancient cloud-bank to earth just now?

PROPHET

    Rage. That man,
once more and hence, shall dwell alone amid a host
of soulless heathen — As witness again, I'd like to watch
the wicked strongholds tumble down, to warn later times.

POET

You spoke then and the Lord spoke through your words:
Woe to the citadels glutted with spoils, their ramparts
of corpses raised, but say how, for millennia, that rage
lives in you still, with such stubborn heavenly burning?

PROPHET

Long ago the Lord touched my unclean lips, like Isaiah's
before me, with burning coal; He, with floating embers
proved my heart; red-hot the living brand the seraph
clutched with tongs. Then I cried: "Behold, here I am,
call upon me to preach His word also." And no age,
and no repose has he whom the Lord has once sent forth,
that seraphic coal scalding his lips. But say, what are
a thousand years to the Lord? A moth's season merely!

POET

How I envy your vigor, my father. How may I measure

my brief moment against your awful times? A pebble's
worn round in the wildly coursing torrent, and just so
this fleeting age wears down.

PROPHET

So you suppose. Your latest verses I know. Their venom
preserves you. Kindred the prophet's and the poet's rage,
as meat and drink to folk. Who would live may live on this
till Kingdom come, so promised that keen disciple, that rabbi
who fulfilled the Law and all our words. Come, proclaim
with me that the hour approaches, the Kingdom's being born.
I ask: what's the Lord's aim? that Kingdom, behold! Come,
let us set forth, summon all the people: bring your wife,
prepare a staff, the wanderer's good companion,
see here! pass me that staff, I would have it,
for I prefer gnarled things.

Lager Heidenau, above Zagubica in the mountains. 1944 August 23

Együgyű dal a feleségről

Az ajtó kaccan egyet, hogy belép,
topogni kezd a sok virágcserép
s hajában egy kis álmos szőke folt
csipogva szól, mint egy riadt veréb.

A vén villanyzsinór is felrikolt,
sodorja lomha testét már felé
s minden kering, jegyezni sem birom.

Most érkezett, egész nap messze járt,
kezében egy nagy mákvirágszirom
s elűzi azzal tőlem a halált.

1940. január 5.

Simple Song About My Wife

The door for sheerest joy squeals as she enters,
and all the flower pots begin to tap and patter,
and in her hair one drowsy wisp of blonde
sets to chirping like a startled sparrow.

The decrepit light-cord also cries,
twines his indolent length toward her.
Things swim so: I cannot note them all.

Now she's arrived--the day's long gone—
there's a large poppy petal in her hand:
with this she chases death away from me.

5 January 1940

Mint a halál

Csönd ül szívemen és lomha sötét takar,
halkan koccan a fagy, pattog az erdei
út mentén a folyó, tükre sajogva megáll
    s döfködi partját.

Meddig tart ez a tél? fázik a föld alatt
régi, szép szeretők csontja s el is reped.
Mély barlangja ölén borzas a medve, jajong,
    sír a kis őz is.

Sírdogál a kis őz, ónos a téli ég,
felhők rojtja libeg, fúja hideg sötét,
meg-megvillan a hold, szálldos a hószinü rém
    s rázza a fákat.

Lassan játszik a fagy s mint a halál komoly,
jégből gyönge virág pattan az ablakon,
hinnéd, csipke csak és súlyosan omlik alá,
    mint a verejték.

Így lépdelget eléd most ez a versem is,
halkan toppan a szó, majd röpül és zuhan,
épp úgy mint a halál. És suhogó, teli csönd
    hallgat utána.

1940. február 27.

Like Death

Quiet settles on my heart, envelops sullen darkness,
the frost softly rattles, snaps the woodland road
along the river whose nuzzling banks and surface
    achingly stand still.

How long this winter lasts: the earth beneath
the bones of beautiful old loves freezes, splits.
Deep within a cavern, the shaggy bear groans,
    a tiny roe-deer cries.

The small deer softly weeps, the winter sky's tin-sheathed,
clouds' fringe hangs down, cold dark breathes hard,
the moon flash-flickers, the snow-white ghost flitters
    and quivers the trees.

The frost slowly struts, and, on the windowpane,
a delicate ice-flower cracks like solemn death—
you'd think it's only lace—and like sweat,
    flows down heavily.

Now this verse of mine ambles along before you,
silently the word appears, rises, and swiftly falls
just like death. And then, whirring, unperturbed,
    says nothing more.

27 February 1940

Tajtékos ég

Tajtékos égen ring a hold,
csodálkozom, hogy élek.
Szorgos halál kutatja ezt a kort
s akikre rálel, mind olyan fehérek.

Körülnéz néha s felsikolt az év,
körülnéz, aztán elalél.
Micsoda ősz lapul mögöttem ujra
s micsoda fájdalomtól tompa tél!

Vérzett az erdő és a forgó
időben vérzett minden óra.
Nagy és sötétlő számokat
írkált a szél a hóra.

Megértem azt is, ezt is,
súlyosnak érzem a levegőt,
neszekkel teljes, langyos csönd ölel,
mint születésem előtt.

Megállok itt a fa tövében,
lombját zúgatja mérgesen.
Lenyúl egy ág. Nyakonragad?
nem vagyok gyáva, gyönge sem,

csak fáradt. Hallgatok. S az ág is
némán motoz hajamban és ijedten.
Feledni kellene, de én
soha még semmit sem feledtem.

A holdra tajték zúdúl, az égen
sötétzöld sávot von a méreg.

Cigarettát sodrok magamnak,
lassan, gondosan. Élek.

1940. június 8.

Foaming Sky

The moon rocks on a foaming sky,
and I'm amazed I'm still alive.
Sedulous death stalks this age,
appalls all on whom he chances.

The year looks round sometimes
and shrieks, looks round, then swoons.
Behind me, what an autumn skulks
again, what a winter dull with pain!

The wood bled, and in the turning
season every hour shed blood.
On the snow, the wind scrawled
great and darkening numbers.

I've lived through, seen so much.
I feel a mild calm embrace
the air, with rustlings filled,
heavy as before I was born.

Here I pause in the shade of a tree
that rumbles its leaves angrily.
A branch reaches out. To choke me?
I'm only tired, neither cowardly

nor weak. Dumbly the branch
fumbles in my hair and shies.
One should, one really ought
to forget, but I forget nothing.

The moon's drowning in foam,
rage raises a dark green stripe

upon the sky. I roll a cigarette,
slowly, carefully. I live.

8 June 1940

Két karodban

Két karodban ringatózom
csöndesen.
Két karomban ringatózol
csöndesen.
Két karodban gyermek vagyok,
hallgatag.
Két karomban gyermek vagy te,
hallgatlak.
Két karoddal átölelsz te,
ha félek.
Két karommal átölellek
s nem félek.
Két karodban nem ijeszt majd
a halál nagy
csöndje sem.
Két karodban a halálon,
mint egy álmon
átesem.

1941. április 20.

In Your Arms

In your arms I'm rocking
quietly.
In my arms you're rocking
quietly.
In your arms I'm a child,
listening.
In my arms you're a child,
I'm listening.
Within your arms you enfold me
when I'm frightened.
Within my arms I enfold you
and I'm not frightened.
In your arms, the great silence
of death frightens me
no longer.
In your arms, I will fall
through death
as in a dream.

20 April 1941

Rejtettelek

Rejtettelek sokáig,
mint lassan ért gyümölset
levél közt rejti ága,
s mint téli ablak tükrén
a józan jég virága
virulsz ki most eszemben.
S tudom már mit jelent ha
kezed hajadra lebben,
bokád kis billenését
is őrzöm már szivemben,
s bordáid szép ivét is
oly hűvösen csodálom,
mint aki megpihent már
ily lélekző csodákon.
És mégis álmaniban
gyakorta száz karom van
s mint álombéi isten
szoritlak száz karomban.

1942. február 20.

I've Been Hiding You

For so long I've been hiding you
as among bough's leaves slowly
ripening fruit's concealed,
as the unperturbed ice-flower
on a winter window pane
you blossom in my mind.
And I know what it means when
your hand flutters to your hair,
and in my heart I also keep
your ankle's little tilt,
your ribs' fine curve
so coolly I admire,
as one already at home
with living wonders.
And often in my dreams
I have a hundred arms
and like a dreamed-of god
in my hundred arms enfold you.

20 February 1942

Tétova óda

Mióta készülök, hogy elmondjam neked
szerelmem rejtett csillagrendszerét;
egy képben csak talán, s csupán a lényeget.
De nyüzsgő s áradó vagy bennem, mint a lét,
és néha meg olyan, oly biztos és örök,
mint kőben a megkövesült csigaház.
A holdtól cirmos éj mozdul fejem fölött
s zizzenve röppenő kis álmokat vadász.
S még mindig nem tudom elmondani neked,
mit is jelent az nékem, hogy ha dolgozom,
óvó tekinteted érzem kezem felett.
Hasonlat mit sem ér. Felötlik s eldobom.
És holnap az egészet ujra kezdem,
mert annyit érek én, amennyit ér a szó
versemben s mert ez addig izgat engem,
míg csont marad belőlem s néhány hajcsomó.
Fáradt vagy s én is érzem, hosszú volt a nap, -
mit mondjak még? a tárgyak összenéznek
s téged dicsérnek, zeng egy fél cukordarab
az asztalon és csöppje hull a méznek
s mint színarany golyó ragyog a teritőn,
s magától csendül egy üres vizespohár.
Boldog, mert véled él. S talán lesz még időm,
hogy elmondjam milyen, mikor jöttödre vár.
Az álom hullongó sötétje meg-megérint,
elszáll, majd visszatér a homlokodra,
álmos szemed búcsúzva még felémint,
hajad kibomlik, szétterül lobogva,
s elalszol. Pillád hosszú árnya lebben.
Kezed párnámra hull, elalvó nyírfaág,
de benned alszom én is, nem vagy más világ,
S idáig hallom én, hogy változik a sok

rejtelmes, vékony, bölcs vonal
                    hűs tenyeredben.

1943. május 26.

Diffident Ode

So long I've been preparing how I might reveal
to you the secret star-dense galaxy of my love;
in an image only perhaps, an essence merely.
But you are as teeming and radiant in me as life,
and sometimes so much -- so certain and lasting --
like the shell of a snail fossilized in stone.
The night, turned tabby by the moon, stirs
above me, hunts little dreams that flush rustlingly.
And still I don't know how to tell you just
how much it means to me that while I work
I sense your sheltering gaze above my hand.
No image is good. One lights, I wave it away.
And tomorrow I will start from scratch again,
because I'm worth only as much as the words
of my verse, because telling you all this thrills me
as long as a few bones, tufts of hair of me remain.
You are weary, and I sense the day's been long, --
What may I yet say? Objects cast knowing glances
each other's way and praise you: on the table, sings
half a sugar cube and the honey lets fall his drops
like shining golden spheres upon the cloth,
all on his own an empty water glass rings. Happy
since he lives with you. And perhaps I've even time
to tell you what he's like as he waits for your arrival.
Sleep's softly descending darkness just touches,
flits away, soon returns to your forehead,
your sleepy eyes, taking leave of me, still beckon,
your hair comes undone, spreads out in waves,
as you fall asleep. Your eyelashes' long shadows flutter.
Your hand, nodding birch branch, opens upon my pillow.
In you asleep, I also sleep, not as in another world,
and even from here I can sense how change the many

undivinable, slender, wise lines
                    in your cool palm.

26 May 1943

Nem tudhatom

Nem tudhatom, hogy másnak e tájék mit jelent,
nekem szülőhazám itt e lángoktól ölelt
kis ország, messzeringó gyerekkorom világa.
Belőle nőttem én, mint fatörzsből gyönge ága
s remélem, testem is majd e földbe süpped el.
Itthon vagyok. S ha néha lábamhoz térdepel
egy-egy bokor, nevét is, virágát is tudom,
tudom, hogy merre mennek, kik mennek az uton,
s tudom, hogy mit jelenthet egy nyári alkonyon
a házfalakról csorgó, vöröslő fájdalom.
Ki gépen száll fölébe, annak térkép e táj,
s nem tudja, hol lakott itt Vörösmarty Mihály;
annak mit rejt e térkép? gyárat s vad laktanyát,
de nékem szöcskét, ökröt, tornyot, szelíd tanyát;
az gyárat lát a látcsőn és szántóföldeket,
míg én a dolgozót is, ki dolgáért remeg,
erdőt, füttyös gyümölcsöst, szöllőt és sírokat,
a sírok közt anyókát, ki halkan sírogat,
s mi föntről pusztitandó vasút, vagy gyárüzem,
az bakterház s a bakter előtte áll s üzen,
piros zászló kezében, körötte sok gyerek,
s a gyárak udvarában komondor hempereg;
és ott a park, a régi szerelmek lábnyoma,
a csókok íze számban hol méz, hol áfonya,
s az iskolába menvén, a járda peremén,
hogy ne feleljek aznap, egy kőre léptem én,
ím itt e kő, de föntről e kő se látható,
nincs műszer, mellyel mindez jól megmutatható.

Hisz bűnösök vagyunk mi, akár a többi nép,
s tudjuk miben vétkeztünk, mikor, hol és mikép,
de élnek dolgozók itt, költők is bűntelen,
és csecsszopók, akikben megnő az értelem,
világít bennük, őrzik, sötét pincékbe bújva,

míg jelt nem ír hazánkra ujból a béke ujja,
s fojtott szavunkra majdan friss szóval ők felelnek.

Nagy szárnyadat borítsd ránk virrasztó éji felleg.

1944. január 17.

I Cannot Say

What others make of this land I cannot say, to me
my birthplace's a small country wreathed in flame,
the world of my youth's now rocking faraway.
From her trunk, I've grown, a delicate branch,
and I would my body sink into her earth someday.
Here I'm at home. And whenever at my knees
a bush bows, I know its, and its flower's, name.
I know where they go who set out on the road,
and, in the summer dusk, I know the meaning
of the pain running down, reddening, the housewalls.
To one flying above her, this land's merely a map,
the pilot does not know where Vörösmarty lived;
For him, what's hidden on this map? Factories, barracks;
while I see grasshopper, oxen, steeple, quiet farm,
through his lens, he sees the workyard, the ploughed field,
while I see the laborer trembling for his day's labor,
the wood, the whistling orchard, vineyard, graveyard,
and among the graves, a widow softly weeping.
And what seems a fine target from above—rail line, works—
is the signalman's shack: he stands before it, red flag
in hand, waving, surrounded by so many children,
is the sheepdog wallowing in the factory yard's dust,
is the park wearing the footprints of old loves,
their kisses' taste still on my lips, now honey, now berry.
Once on my way to school, to ward off a quiz
I dawdled curbside, lit upon a charmed stone,
and here's that stone. Aloft, he cannot make this out,
no instrument, no gauge can make this out.

True, all of us are guilty, like any other nation,
we know our crimes, the when and where and how
but laborers live here, and poets without guilt
and infants, who grow in the understanding
that shines in them protected, in dark cellars hidden,

until that day our land is marked for peace again
when our stifled words fresh words will answer.

Night cloud, keep watch, spread your great wings over us.

17 January 1944

Levél a hitveshez

A mélyben néma, hallgató világok,
üvölt a csönd fülemben s felkiáltok,
de nem felelhet senki rá a távol,
a háborúba ájult Szerbiából
s te messze vagy. Hangod befonja álmom,
s szivemben nappal ujra megtalálom,
hát hallgatok, míg zsong körém felállván
sok hűvös érintésü büszke páfrány.

Mikor láthatlak ujra, nem tudom már,
ki biztos voltál, súlyos, mint a zsoltár,
s szép mint a fény és oly szép mint az árnyék,
s kihez vakon, némán is eltalálnék,
most bujdokolsz a tájban és szememre
belülről lebbensz, így vetít az elme;
valóság voltál, álom lettél ujra,
kamaszkorom kútjába visszahullva

féltékenyen vallatlak, hogy szeretsz-e?
s hogy ifjuságom csúcsán, majdan, egyszer,
a hitvesem leszel, - remélem ujra
s éber lét útjára visszahullva
tudom, hogy az vagy. Hitvesem s barátom,-
csak messze vagy! Túl három vad határon.
S már őszül is. Az ősz is ittfelejt még?
A csójainkról élesebb az emlék;

csodákban hittem s napjuk elfeledtem,
bombázórajok húznak el felettem;
szemed kékjét csodáltam épp az égen,
de elborult s a bombák fönt a gépben
zuhanni vágytak. Ellenükre élek,-
s fogoly vagyok. Mindent, amit remélek

fölmértem s mégis eltalálok hozzád;
megjártam érted én a lélek hosszát,

s országok útjait; bíbor parázson,
ha kell, zuhanó lángok közt varázslom
majd át magam, de mégis visszatérek;
ha kell, szívós leszek, mint fán a kéreg,
s a folytonos veszélyben, bajban élő
vad férfiak fegyvert s hatalmat érő
nyugalma nyugtat s mint egy hűvös hullám:
a 2x2 józansága hull rám.

Letter to My Wife

In soundless deep, mute worlds,
silence howls in my ears and I call out –
yet no one could answer from faraway
Serbia fallen unconscious into war –
and you are faraway. Your voice my dream
entwines – with day I find it in my heart again,—
I stand still while supercilious ferns, cool
to the touch and rising up around me, hum.

When I might see you again, I don't even know,
you who were as sure, as sound as a psalter,
as subtle as light, as subtle as the shadows,
you to whom I, even dumb and blind, could
find my way, you in the landscape hiding,
and, from within, you flicker on my eye: just so
the mind projects; you, once real, a dream again.
Fallen back into the well of my awkward years,

I jealously inquire: do you love me? will you
some day at the zenith of my youth, will you
one day be my wife? – I hope you will again,
now fallen back on the road of consciousness,
I know that you are she: my wife and friend,—
only you're so faraway, past three wild frontiers.
And autumn comes on, will she abandon me?
And sharper now the memory of our kisses.

In miracles I once believed, their days clean forgot,
a bomber squadron passes overhead; in the sky
just now I'd been admiring the blue of your eyes,
but it darkens now and in the planes above me
the bombs long to dive. I, a captive, live in spite
of them. And I've considered all my chances,

and scarce as they are, in spite of them I'll be back;
For you I've crossed the soul's length,—traversed

highways of many lands for you; if need be,
over crimson embers, through fire's falling flames,
I'll conjure myself, yet I'll come back to you;
if need be, I'll be as tough as tree bark,
and I'm calmed with the calm of savage men
living in ceaseless danger and discord, worth
all arms and might, and now, as a cool wave,
self-possession's 2x2 breaks softly over me.

Gyökér

A gyökérben erő surran,
esőt iszik,földdel él
és az álma hófehér.

Föld alól a föld fölé tör,
kúszik s ravasz a gyökér
karja akár a kötél.

Gyökér karján féreg alszik
gyökér lábán féreg ül,
a világ megférgesül.

De a gyökér tovább él lent,
nem érdekli a világ,
csak a lombbal teli ág.

Azt csodálja,táplálgatja,
küld néki jó ízeket,
édes,égi ízeket.

Gyökér vagyok magam is most,
férgek között élek én,
ott készül e költemény.

Virág voltam,gyökér lettem,
súlyos,sötét föld felettem,
sorsom elvégeztetett,
fűrész sír fejem felett.

Root

Power flashes in the root
that drinks the rain, lives by earth,
dreams the snow-white dream,

breaks from under out of earth,
creeps, and the root's cunning:
its arms so many ropes.

On root's arms worms sleep,
on root's legs worms stoop,
the whole world's bewormed.

Yet the root endures below,
and for the world cares not,
for thick-leaved branches only.

These it dotes on, fosters,
sends these good favors,
sweet heavenly flavors.

I, now, am root myself,
living among worms:
here I make this verse.

Flower once, root now below,
dark earth presses down hard
on me, and so it is written:
the fatal saw wails above me.

A' LA RECHERCHE...

Régi szelíd esték, ti is emlékké nemesedtek!
Költőkkel s fiatal feleségekkel koszorúzott
tündöklő asztal, hova csúszol a múltak iszapján?
hol van az éj, amikor még vígan szürkebarátot
ittak a fürge barátok a szépszemü karcsu pohárból?

Verssorok úsztak a lámpák fénye körül, ragyogó zöld
jelzők ringtak a metrum tajtékos taraján és
éltek a holtak s otthon voltak a foglyok, az eltünt
drága barátok, verseket írtak a rég elesettek,
szívükön Ukrajna, Hispánia, Flandria földje.

Voltak, akik fogukat csikorítva rohantak a tűzben,
s harcoltak, csak azért, mert ellene mitse tehettek,
s míg riadozva aludt körülöttük a század a mocskos
éj fedezéke alatt, a szobájuk járt az eszükben,
mely sziget és barlang volt nékik e társadalomban.

Volt, ahová lepecsételt marhakocsikban utaztak,
dermedten s fegyvertelen álltak az aknamezőkön,
s volt, ahová önként mentek, fegyverrel a kézben,
némán, mert tudták, az a harc, az az ő ügyük ott lenn, -
s most a szabadság angyala őrzi nagy álmuk az éjben.

S volt ahová ... mindegy. Hova tüntek a bölcs borozások?
szálltak a gyors behivók, szaporodtak a verstöredékek,
és szaporodtak a ráncok a szépmosolyú fiatal nők
ajka körül s szeme alján; elnehezedtek a tündér-
léptü leányok a háboru hallgatag évei közben.

Hol van az éj, az a kocsma, a hársak alatt az az asztal?
és akik élnek még, hol vannak a harcra tiportak?
hangjuk hallja szivem, kezem őrzi kezük szoritását,

ECLOGUES AND OTHER POEMS

művük idézgetem és torzóik aránya kibomlik,
s mérem (néma fogoly), - jajjal teli Szerbia ormán.
Hol van az éj? az az éj már vissza se jő soha többé,
mert ami volt, annak más távlatot ád a halál már. -
Ülnek az asztalnál, megbujnak a nők mosolyában
és beleisznak majd a poharunkba, kik eltemetetlen,
távoli erdőkben s idegen legelőkön alusznak.

A' LA RECHERCHE...

Gentle ancient evenings, you too are ennobled in memory!
Wreathed round with poets and with young wives,
refulgent table, to where do you slide on the mud of the past?
where is the night when still merry *szürkebarát*[4]
the supple brothers drank from soft-eyed slender flutes?

Verses under lamplight swam, radiant green
adjectives on foaming crests of meter swung
and the dead yet alive and the captive home, the missing
dear friends, the long since fallen, their heart-verses
written on the Ukraine's, Spain's, and Flanders' soils.

Some there were who ran into the fire, teeth clenched,
who fought because they could do nothing else,
and while the company slept round, starting now and then,
under camouflage of filthy night, of their own rooms
they dreamt as islands or caves, in such society.

There were places where, in sealed cattle cars, they rode,
where they stood frozen and defenseless on minefields,
and there were places where they freely went, weapons in hand,
silent, since they knew *their* cause lay in that fight, --
Now, freedom's angel guards their dreams at night.

And there were places...no matter. But where are the suppers
made wise with wine? Fast came the draft notices, multiplying
the verse fragments, the furrows round the lips and eyes
of the softly-smiling young women, and grown heavy, dull,
the fay-light-footed girls through wordless years of war.

---

[4] Literally, "grey brothers" or "grey friars"; the name of a Hungarian white from the Balaton region.

Where is the night, that tavern, that table under the lindens
and where do those, marched off to fight, still live?
My heart hears their voices, my hand preserves their grip.
I, speechless captive, quote, measure their fragments
until their bodies in full unfold—cries fill Serbia's peaks.

Where is the night? that night that never comes again
since death gives what once was another vantage. -
With us they sit at table, linger in women's smiles
and drink from our glasses, they who, unburied,
in distant woods, in unvisited pastures, sleep.

Erőltetett menet

Bolond, ki földre rogyván fölkél és újra lépked,
s vándorló fájdalomként mozdít bokát és térdet,
de mégis útnak indul, mint akit szárny emel,
s hiába hívja árok, maradni úgyse mer,
s ha kérdezed, miért nem? még visszaszól talán,
hogy várja őt az asszony s egy bölcsebb, szép halál.
Pedig bolond a jámbor, mert ott az otthonok
fölött régóta már csak a perzselt szél forog,
hanyattfeküdt a házfal, eltört a szilvafa,
és félelemtől bolyhos a honni éjszaka.
Ó, hogyha hinni tudnám: nemcsak szivemben hordom
mindazt, mit érdemes még, s van visszatérni otthon;
ha volna még! s mint egykor a régi hűs verandán
a béke méhe zöngne, míg hűl a szilvalekvár,
s nyárvégi csönd napozna az álmos kerteken,
a lomb között gyümölcsök ringnának meztelen,
és Fanni várna szőkén a rőt sövény előtt,
s árnyékot írna lassan a lassú délelőtt, -
de hisz lehet talán még! a hold ma oly kerek!
Ne menj tovább, barátom, kiálts rám! s fölkelek!

Bor, 1944. szeptember 15.

Forced March

Earth-thick, he earthward stumbles   staggers up, forward lurches,
hobbling extravagant pain   stirs feet, spurs hard the haunches,
yet makes his way still crestward,   as one on wings lifted,
pointlessly tempted ditchward,   he dare not linger there,
pointlessly questioned, chided why   he'll only say again
how for him wait a wife   and a sensible lovely death.
Yet the poor fool's deluded,   for now about the homes
for the longest time now   the scorched wind's still blowing:
flat on their backs all your walls   shattered all your plum wood,
and all woolly grown with fear   the tender nights you knew.
O, could I believe somehow   that safe beyond heart's domain
everything we cherished still   home to which we might return;
if these yet were as once they were: the ancient veranda's calm
a bee-loud silence sounded   with jars of plum jam cooling
and summer-end-sunbathed quiet   drowsed the soft-eyed garden
among whose leaves fruit swollen   naked lazily lolling
and Fanni blondely loiters   in red hedgerow shade,
shadow languidly penciled   in languorous morning
perhaps she's loitering still!   the moon so round today!
Friend, you mustn't leave me -- just yell! see, I'm up again.

Bor, September 15 1944

Razglednicák

1
Bulgáriából vastag, vad ágyúszó gurul,
a hegygerincre dobban, majd tétováz s lehull;
torlódik ember, állat, szekér és gondolat,
az út nyerítve hőköl, sörényes ég szalad.
Te állandó vagy bennem e mozgó zürzavarban,
tudatom mélyén fénylesz örökre mozdulatlan
s némán, akár az angyal, ha pusztulást csodál,
vagy korhadt fának odván temetkező bogár.

1944. augusztus 30. A hegyek közt

2
Kilenc kilométerre innen égnek
a kazlak és a házak,
s a rétek szélein megülve némán
riadt pórok pipáznak.
Itt még vizet fodroz a tóra lépő
apró pásztorleány
s felhőt iszik a vízre ráhajolva
a fodros birkanyáj.

Cservenka, 1944. október 6.

3
Az ökrök száján véres nyál csorog,
az emberek mind véreset vizelnek,
a század bűzös, vad csomókban áll.
Fölöttünk fú a förtelmes halál.

Mohács, 1944. október 24.

4
Mellézuhantam, átfordult a teste
s feszes volt már, mint húr, ha pattan.
Tarkólövés. - Így végzed hát te is, -
súgtam magamnak, - csak feküdj nyugodtan.
Halált virágzik most a türelem. -
Der springt noch auf, - hangzott fölöttem.
Sárral kevert vér száradt fülemen.

Szentkirályszabadja, 1944. október 31.

Razglednicás[5]

1

From Bulgaria, heavy, wild ordance thunders,
hammers the mountain ridge, falters, falls;
man and beast, cart and thought pile up,
the road, neighing, rears, the maned sky runs off.
I move through this chaos, and you are with me,
motionless, forever shining deep within my mind,
and silent as the angel amazed by death,
as the lodging beetle in a rotten tree hollow.

1944 August 30. In the mountains.

2

Nine kilometers from here
haystacks, houses burn,
from the meadow margin watch
shaken peasants, silent, smoking.
Onto rippling lake waters
steps a tiny shepherd girl
and the ruffled flock
bends, drinks clouds.

Cservenka, 1944 October 6

3

On the oxen's mouths bloody slobber hangs,
there's not one of us who isn't pissing blood,
the stinking company stands in feral bands.
Over our heads blows vilest death.

Mohács, 1944 October 24

---

[5] The Serbo-Croatian word for "picture postcards."

4
Fell down beside him, the body turned over,
taut as a string near breaking, sprang up.
Neck-shot. "Just such an end you'll make."
Whispered to myself, "Just lie still, steady."
Now death flowers of patience.
"Der springt noch auf,"[6] sounds above me.
Blood, mixed with mud, dries on my ear.

Szentkirályszabadja, 1944 October 31

---

[6] Loosely, from the German: "This one's still alive"